Amandine Labar … Art

Dessine les Fées

FLEURUS
www.editionsfleurus.com

Illustratrice et auteur de plusieurs ouvrages traitant de créatures imaginaires et de mondes féeriques, Amandine Labarre collabore également à de nombreux documentaires sur l'environnement. Le dessin des fées lui permet d'allier ses deux passions : la beauté de la nature observée sans relâche et la magie du merveilleux.

Sommaire

MATÉRIEL ET CONSEILS

LES FÉES

L'abc

L'AQUARELLE

L'aquarelle est lumineuse et transparente. On peut l'acheter en tubes ou en godets (qui sont plus économiques et durent très longtemps).
Vous pouvez débuter avec une petite boîte d'aquarelle munie d'un couvercle qui fera office de palette.
Le papier adapté à l'aquarelle est très épais pour absorber une grande humidité sans se gondoler. Commencez avec un petit bloc 240 g.
Les pinceaux doivent pouvoir contenir beaucoup d'eau (qui remplace le blanc pour éclairer la couleur). Prévoyez un pinceau « mouilleur » et un pinceau fin, ainsi qu'un chiffon propre et absorbant.

Tracez légèrement les contours au crayon 2H pour effacer ou recouvrir facilement le dessin par la suite.

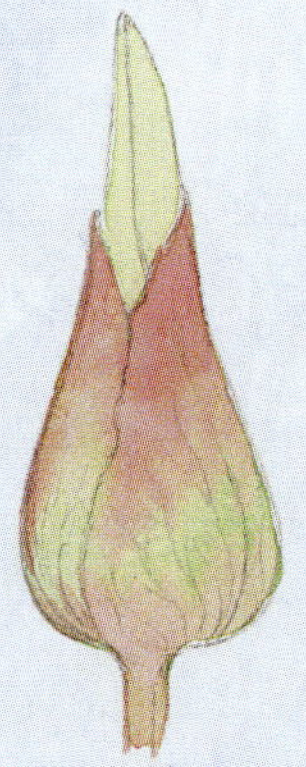

Mouillez généreusement l'intérieur de la zone à peindre sans déborder. Appliquez la couleur sur cette zone encore humide. Vous pouvez ajouter immédiatement une autre couleur qui va se diffuser harmonieusement : c'est la technique du mouillé sur mouillé.

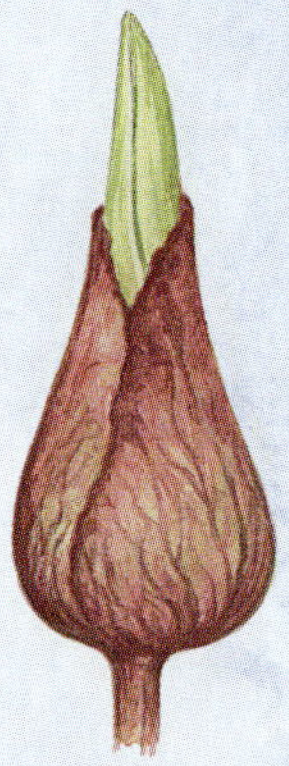

Laissez sécher puis posez des glacis successifs (des couches de couleur diluée) en laissant sécher entre chaque couche. Ajoutez les détails au pinceau fin (technique du mouillé sur sec).

de la couleur

LA GOUACHE

Les couleurs de la gouache sont profondes et éclatantes. Vous obtiendrez beaucoup de nuances en mélangeant des couleurs primaires (en petits tubes) : cyan, magenta, jaune primaire. Préparez vos mélanges en quantité suffisante pour éviter les variations de teinte. Prévoyez aussi du noir, du blanc et quelques couleurs manufacturées comme l'ocre jaune et la terre de Sienne brûlée. Si on dilue beaucoup la gouache et qu'on emploie peu de blanc, on obtient un résultat proche de l'aquarelle. La gouache s'utilise sur du papier épais : un petit bloc à aquarelle 300 g fera l'affaire. Opaque, elle permet de nombreux recouvrements, ce qui peut s'avérer très utile en cas de retouches ! Choisissez une brosse large, un pinceau de taille moyenne souple et un pinceau fin. N'oubliez pas le chiffon !

Tracez légèrement les contours au crayon 2H, comme à l'aquarelle.

Coloriez uniformément la surface (en « aplat »). Contrairement à l'aquarelle, on commence en général par les teintes les plus sombres.

Ajoutez du blanc (ou toute autre teinte) à vos précédents mélanges pour les éclaircir. Ajoutez un peu d'eau pour garder de la transparence puis appliquez ces couleurs par petites touches au pinceau fin.

LE FEUTRE

Les feutres sont d'un emploi rapide et simple. Ils ne permettent pas réellement les mélanges de couleur, mais vous pouvez obtenir de jolis résultats en employant différents types de feutres : feutres à eau avec des pointes de différentes tailles, feutres à alcool aux teintes plus transparentes, feutre « blender » (incolore, pour diffuser les teintes). Utilisez du papier épais lisse (bristol ou papier « layout » 180 g). Vous pouvez aussi dessiner au feutre foncé sur un papier plus clair, puis rehausser le dessin par petites touches de gouache blanche.

Commencez par un dessin léger comme à l'aquarelle.

Avec un feutre à alcool, coloriez l'intérieur du dessin en évitant de trop superposer les traits. Suivez le sens du dessin (ici, vertical).

Ajoutez une teinte plus soutenue, avec une pointe plus fine. Procédez du plus clair au plus foncé pour ne pas salir les pointes des feutres.

Tracez les contours à la pointe fine.

Le crayonné

Toute composition commence par un crayonné. Mais l'esquisse possède également des qualités propres. Un beau dessin au crayon peut tout à fait se suffire à lui-même, sans qu'il soit nécessaire de le colorier. Utilisez un papier à grain de 180 g minimum, différents types de crayons (HB ou critérium, crayons secs H, 2H, 3H, 4H,crayons gras B, 2B, 3B, 4B), une gomme large et une gomme taillée aux ciseaux pour plus de précision.

Au crayon sec, dessinez les masses. Elles déterminent la forme approximative des différents éléments et leur placement.

Ébauchez les formes du sujet.

Effacez les traits de construction et précisez les contours.

Superposez les couches de crayon du plus sec au plus gras pour assombrir progressivement le sujet afin de lui donner relief et profondeur. Dans les zones d'ombre en particulier, le sens des coups de crayon doit suivre la matière (les fibres verticales des pétales par exemple).

Détails

FÉE ENDORMIE

Il suffit d'un détail pour reconnaître une fée ! Ici, des oreilles légèrement pointues distinguent la fée d'une simple petite fille.

Plusieurs détails permettent de typer une fée. Ailes, coiffures, oreilles... en voici quelques exemples... À vous d'en imaginer d'autres !

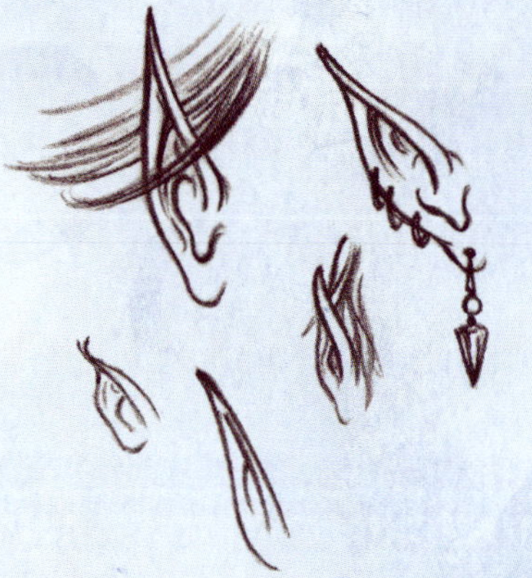

OREILLES

Si vous optez pour les oreilles pointues, adaptez leur forme au visage de votre fée. Appuyez-vous toujours sur l'observation d'une oreille normale pour traiter les volumes et les ombres de manière réaliste.

COIFFURES

En matière de coiffure, toutes les variations sont possibles pour servir la beauté des créatures féeriques !

féeriques

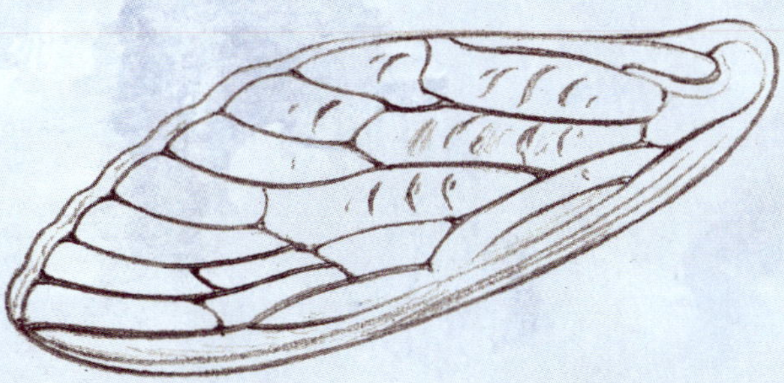

AILES

Pour dessiner les ailes des fées, prenez exemple
sur les ailes des libellules ou des papillons...
Vous pouvez sélectionner les éléments
qui vous plaisent le plus ; choisir le dessin d'une aile
puis assortir sa teinte à la robe de la fée par exemple !

Garde-robe

Si certaines fées s'habillent d'un rayon de lune, rien ne vous empêche d'enrichir leur garde-robe !

GARDE-ROBE VÉGÉTALE

Pour une fée en harmonie avec son environnement, observez la nature. Vous transformerez ainsi une corolle de digitale en capuchon ou un pétale d'iris en traîne...

ACCESSOIRES

Pour donner plus de personnalité à votre fée, dotez-la d'accessoires spécifiques : sacoche à trésors pour une fée secrète et voyageuse, bracelet à grelots pour une fée exubérante et musicienne...

féerique

GARDE-ROBE MÉDIÉVALE

Pour une fée de légende, puisez votre inspiration dans les livres d'Histoire.
Taille Empire, manches Renaissance, toges gréco-romaines, corsets du Moyen Âge...
N'hésitez pas à mélanger les styles.

Fées

La forêt reste le domaine privilégié des fées et des elfes : il y règne une magie subtile qu'on ne trouve dans aucun autre lieu, et les bois fourmillent de cachettes… Mais les royaumes aquatiques abritent aussi de nombreuses créatures enchantées, naïades, ondines ou sirènes.

FAUNE

Les faunes et les satyres (toujours masculins) incarnent l'aspect sauvage et indomptable de la nature. Ils séduisent les humaines et les entraînent sous le secret des feuillages…

des bois et des eaux

ELFE SYLVAIN

Les elfes ou « belles gens » sont inspirés de ceux décrits par Tolkien. Ils sont très grands, d'une grâce surnaturelle et souvent aussi artistes. Ils vivent en harmonie avec la forêt.

SIRÈNE

Les fées aquatiques ont la plupart du temps une apparence en partie animale : queue de poisson, de dragon ou de serpent (comme Mélusine), écailles ou mains légèrement palmées... Leur cœur est froid comme la glace. Elles attirent sous les flots les marins ou les voyageurs imprudents.

HAMADRYADE

Les hamadryades s'attachent dès leur naissance à un arbre et lui sont définitivement liées. Contrairement aux dryades, de forme plus humaine, elles affichent des attributs végétaux visibles.

Fées des airs

Leur apparition dans les légendes est assez récente. Dessiner les fées des fleurs permet d'allier l'amour de la nature au goût de la magie.

COURSIER AILÉ

Les fées minuscules empruntent souvent aux plus petits animaux leurs abris (nids, petits terriers). Il n'est pas rare de voir un pinson ou une musaraigne servir de destrier à une fée fatiguée !

FÉE MILLEPERTUIS

Les fées des fleurs sont si légères qu'elles peuvent se poser sur les plantes les plus délicates.

et des fleurs

SYLPHE

Les sylphes sont des esprits élémentaires de l'air, intermédiaires entre les anges et les hommes et les observations divergent quant à leur aspect précis...

FÉE DES FLEURS

Pour observer les fées des fleurs, allongez-vous dans une prairie ou à la lisière d'un bois au printemps, à l'aube ou au crépuscule. N'oubliez pas votre carnet de croquis !

Fée du lierre

Cette jeune dryade aime par-dessus tout les ombres vertes des frondaisons et les courses pieds nus sur la mousse, peut-être la croiserez-vous au détour d'une promenade en forêt… Pour garder au visage toute sa fraîcheur, mieux vaut travailler celui-ci simplement au crayon, sans couleur.

Matériel

- papier 180 ou 220 g
- crayon 3H, H, HB
- gomme

I

Placez des volumes d'un trait léger au crayon 3H : visage, buste et masse du feuillage.

II

Ébauchez la coiffure et les oreilles. Répartissez les feuilles de lierre schématisées par des triangles que vous effacerez par la suite.

III

Tracez des lignes de construction pour placer les yeux, le nez et la bouche. Ébauchez le profil suivant l'ovale de départ et placez la tresse. Esquissez les feuilles en traçant la nervure centrale pour une meilleure symétrie.

IV

Au crayon H, séparez les mèches des cheveux puis détaillez le visage, tout en courbes, et le reste du dessin. Gommez les traits de construction.

V

Composition finale

En alternant crayons H et HB, retravaillez les détails essentiels puis ajoutez du relief en grisant peu à peu les zones d'ombre : chevelure, visage, feuilles. Si l'ensemble est trop sombre, « ouvrez » des zones de lumière par endroits à l'aide d'une gomme taillée.

Cette petite fée espiègle aime se balancer sur les plus hautes branches des arbres et jouer les équilibristes sur les toiles d'araignée. Elle se lève aux aurores pour faire des acrobaties à l'abri des regards indiscrets ! Les couleurs vives de la gouache conviennent à sa gaîté.

Matériel

- papier à dessin 180 g
- papier épais type aquarelle
- crayon 2B
- gomme

Gouache
- orange
- vert
- violet foncé
- brun clair
- chair (blanc avec une pointe de jaune, magenta et brun)
- noir
- blanc

Fée du matin

I

Sur du papier 180 g, tracez des repères pour placer les branches et le corps.

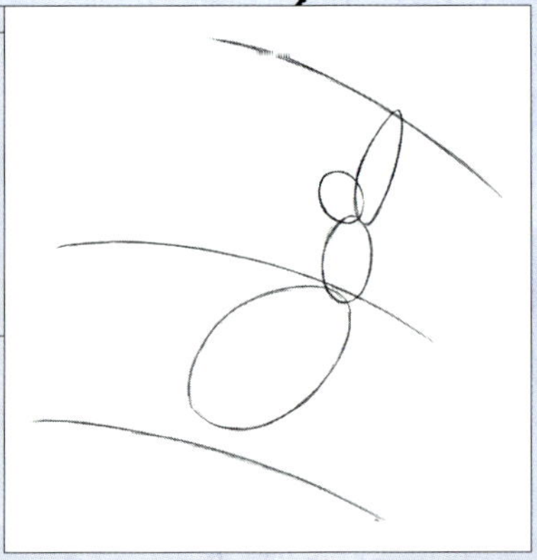

II

Décomposez le corps en volumes simples : tête, buste, bras, mains, jupe, cheveux et pieds. Ajoutez des ovales pour les feuilles.

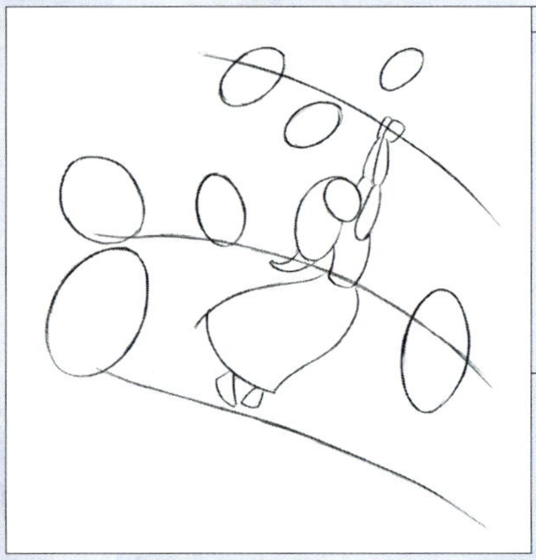

III

Affinez le personnage. Tracez des lignes de repère pour placer les yeux, le nez et la bouche. Ajoutez les ailes de libellule. Précisez le contour des feuilles.

IV

Détaillez l'expression joyeuse de la fée, ses mains agrippées à la branche, les plis de sa jupe et sa coiffure. Dessinez les nervures des feuilles puis gommez les traits de construction.

V

Composition finale

Reportez légèrement votre dessin au crayon sur du papier plus épais, à l'aide d'une feuille de calque. Appliquez de larges aplats de gouache : ton chair pour la peau, violet pour la chevelure, orange pour les ailes, vert pour le costume et les feuilles, brun clair pour les branches. Laissez sécher puis ajoutez du relief en superposant des teintes plus foncées. Posez du blanc par petites touches sur les zones les plus lumineuses.

LA FÉE LIBELLULE EST PARTICULIÈREMENT DISCRÈTE, MAIS L'OBSERVATEUR PATIENT SERA RÉCOMPENSÉ PAR SA RARE BEAUTÉ. LES FEUTRES À ALCOOL SERONT PARTICULIÈREMENT ADAPTÉS POUR ÉVOQUER LA LÉGÈRETÉ DE SES AILES ET LA DOUCEUR DE SA PEAU.

MATÉRIEL

- PAPIER LAY-OUT
- CRAYON HB
- GOMME
- FEUTRE FIN NOIR

FEUTRES À ALCOOL

- FEUTRE BLENDER TRANSPARENT
- ROSE CLAIR (CHAIR)
- BLEU CIEL CLAIR
- BLEU CIEL
- TAUPE
- GRIS MOYEN
- BRUN ORANGÉ

Fée Libellule

I

Par quelques volumes simples, esquissez la fée sur sa branche. Tracez des lignes de construction pour vous guider.

II

Dessinez les pétales et le cœur des fleurs. Ajoutez les cheveux et les ailes puis le costume et les traits du visage : l'arête du nez rencontre le sourcil. Dessinez les articulations de la main.

III

Détaillez le visage, les cheveux et les membres. Nervurez les ailes puis dessinez les bracelets. Affinez les contours des pétales et des pistils, tracez des marques sur l'écorce. Effacez les lignes de construction à l'aide d'une gomme taillée.

IV

Composition finale

Coloriez le dessin : taupe et rose pour la branche, bleu ciel clair sur les ailes et les fleurs, etc. Utilisez au besoin le feutre incolore pour diluer l'encre et atténuer les démarcations. Foncez le bas du justaucorps pour donner plus de volume au buste. Passez le feutre incolore sur le contour des pétales et les nervures des ailes pour absorber un peu de couleur et éclaircir ces zones délicates. Renforcez la profondeur des fleurs et les reflets des ailes en ajoutant de petites touches de bleu ciel par endroits. Repassez sur les contours du dessin au feutre fin noir. Avec la pointe fine du feutre bleu ciel, tracez les contours et les nervures des ailes, pour renforcer leur transparence.

Fée Iris

Cette fée vit près d'une rivière enchantée entourée de nombreux iris. Dans l'un d'eux, elle a enfermé sa magie... On dit que celui qui découvrira cette fleur sans la cueillir rencontrera le grand amour sans tarder. Le feutre rehaussé de blanc offre un camaïeu de rose très romantique.

Matériel

- Papier à dessin 180 g
- Papier rose clair 180 g
- Crayon HB
- Gomme
- Feutre rose foncé à pointe fine

Gouache
- Blanc

I

Sur la feuille blanche, placez les éléments décomposés en volumes simples.

II

Ébauchez les contours de la coiffure et du costume. Ajoutez des lignes de construction pour placer les yeux, le nez et la bouche. Ajoutez les pétales de l'iris et doublez les traits des feuilles pour leur donner de l'épaisseur.

III

Détaillez le profil peu saillant, séparez les mèches de cheveux et les plis des vêtements puis achevez l'iris. Ajoutez les détails distinctifs : bandeau à motif, rubans, oreille pointue. Gommez les traits de construction puis reportez le dessin au crayon léger sur du papier rose.

IV

Composition finale

Repassez sur les traits au feutre rose à pointe fine ; n'hésitez pas à tourner la feuille pour libérer vos gestes et tracer des courbes bien arrondies. Au pinceau fin, appliquez de petites touches de gouache blanche diluée pour mettre en lumière pommettes, cheveux, fleur et drapé.

Elfe archer

LES ELFES SONT LES GARDIENS DE LA FORÊT, PRÊTS À LA DÉFENDRE CONTRE TOUTE OFFENSE. L'INTENSITÉ DE LA GOUACHE METTRA EN VALEUR LES TEINTES AUTOMNALES DES VÊTEMENTS ET SOULIGNERA LA STATURE MAJESTUEUSE DE CETTE SENTINELLE.

MATÉRIEL

- PAPIER À DESSIN 180 G
- PAPIER ÉPAIS TYPE AQUARELLE
- CRAYON 2H

GOUACHE

- BRUN
- VERT FONCÉ
- OCRE JAUNE
- CYAN
- CHAIR (BLANC AVEC UNE POINTE DE JAUNE, MAGENTA ET BRUN)
- NOIR
- BLANC

I

Sur du papier 180 g, sans appuyer, placez les volumes principaux : le corps de l'elfe, la forme générale de sa cape et l'emplacement du motif.

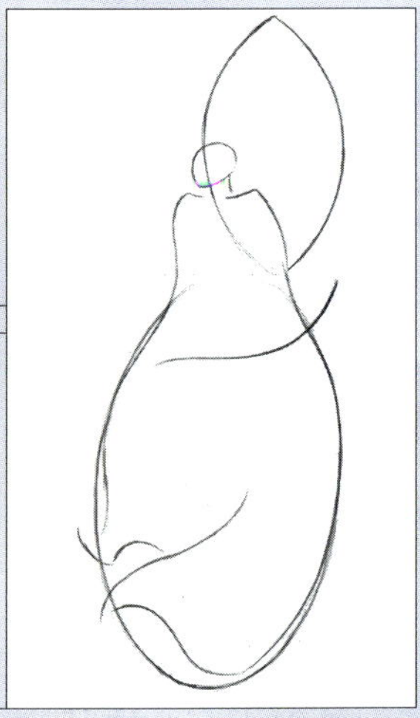

II

Décomposez le corps en volumes simples : les bras, le buste et les mains avec la ligne de l'arc. Commencez l'ébauche du motif de fond.

III

Affinez le dessin de la cape et mettez en place le volume de la chevelure ; les deux sont agitées par un souffle de vent et vont dans le même sens, à gauche, pour accentuer le dynamisme de l'attitude. Détaillez progressivement le motif, le costume et les mains, toujours à l'aide de volumes simples.

IV

Tracez des lignes de repère pour placer les yeux, le nez et la bouche. Séparez les mèches des cheveux, dessinez l'épaisseur de l'arc et les doigts de l'elfe, poursuivez le motif de fond et gommez vos traits de construction.

V

Vous pouvez maintenant affiner le dessin et approfondir les détails : arête du nez volontaire, oreilles pointues, fibule pour retenir la cape, cheveux soyeux, flèches empennées... Doublez les traits du motif de fond pour lui donner plus de présence.

VI

Reportez légèrement votre dessin sur du papier plus épais. Peignez d'abord les zones les plus claires par aplats : couleur chair pour la peau, ocre jaune pour les cheveux, puis posez des couleurs progressivement plus foncées : vert + blanc pour le motif du fond et la tunique, vert foncé pour la cape, cyan pour les plumes des flèches, gris pour la fibule, la boucle de ceinture et l'arc, brun pour les manches, la ceinture et les bottes.

VII

Au pinceau fin, détaillez le visage et le contour des mains avec un mélange de brun et de blanc. Ajoutez des glacis pour ombrer différentes parties. Donnez du relief au métal par de petits traits clairs et foncés.

VIII

Composition finale

Au pinceau fin, appliquez de petits rehauts de gouache blanche légèrement diluée pour éclairer le dessin et faire ressortir le tracé.

Fée Clématite

LA FÉE CLÉMATITE AIME SE RECUEILLIR AU CŒUR DE SA FLEUR PRÉFÉRÉE POUR SALUER LE LEVER DU JOUR. L'AQUARELLE RENDRA BIEN LES NUANCES PROFONDES DES FEUILLES ET DES PÉTALES ET LA LÉGÈRETÉ DU PERSONNAGE. LE FEUTRE NOIR PERMETTRA DE DÉTAILLER SON VISAGE DÉLICAT ET SES CHEVEUX ARGENTÉS.

Matériel

- PAPIER À DESSIN 180 G
- PAPIER ÉPAIS TYPE AQUARELLE
- CRAYON 2H
- GOMME
- FEUTRE FIN NOIR

AQUARELLE

- BLEU OUTREMER
- VERT DE HOOKER
- GRIS DE PAYNE
- OCRE JAUNE
- ROUGE CRAMOISI D'ALIZARINE
- BLANC (GOUACHE)

I

Sur le papier 180 g, esquissez les volumes des fleurs et de la fée.

II

Décomposez soigneusement le personnage pour lui donner une posture réaliste.

III

Ajoutez les feuilles et épaississez les tiges. Dessinez les cheveux de la fée. Tracez des lignes de repère pour placer les yeux, le nez et la bouche. Esquissez provisoirement le volume des pistils.

IV

Dessinez délicatement le visage concentré et la coiffure élaborée de la fée, ajoutez le col et les plis de la robe légère, puis les ailes nervurées de papillon. Dessinez les pistils et retravaillez les contours légèrement ondulés des pétales.

V

Reportez les contours de votre dessin sur une feuille plus épaisse à l'aide d'un calque, sans trop appuyer.

VI

Mouillez l'ensemble des pétales puis appliquez au pinceau du rouge cramoisi très dilué en veillant à ne pas déborder.

VII

Laissez sécher les pétales puis appliquez sur la peau un mélange de cramoisi et d'ocre jaune délayé dans un grand volume d'eau. Selon le même principe, peignez les feuilles et les tiges avec du vert de Hooker très dilué puis appliquez cette même couleur sur la robe et les ailes de la fée.

VIII

Peignez la chevelure en gris clair, laissez sécher, puis foncez certaines mèches au pinceau fin pour bien les séparer. Mélangez du vert de Hooker, du bleu outremer et du gris de Payne pour souligner les ombres du vêtement, des ailes, des feuilles et des tiges.

IX

Composition finale

Appliquez un mélange de cramoisi, bleu outremer et gris de Payne sur certaines zones des pétales pour leur donner de la profondeur. Détaillez les pistils au pinceau fin. Éclairez le visage par petites touches de blanc. Repassez sur les contours au feutre fin noir.

Fée des champignons

AMATEURS DE GIROLLES, DE CÈPES ET DE BOLETS FONDANTS, OUVREZ L'ŒIL ! VOUS POURRIEZ PASSER À CÔTÉ DE CETTE CHARMANTE FÉE DES SOUS-BOIS, VISIBLE SEULEMENT EN AUTOMNE À QUI SAIT REGARDER... LE FEUTRE FIN RENDRA TRÈS BIEN L'ASPECT FOISONNANT DES SOLS JONCHÉS DE FEUILLES ET LA FINESSE JUVÉNILE DU CORPS DE LA FÉE.

MATÉRIEL

- PAPIER À DESSIN 180 G
- PAPIER COLORÉ 180 G VERT CLAIR
- CRAYON HB
- GOMME
- FEUTRE VERT À POINTE FINE

GOUACHE
- BLANC

I

Tracez les grandes lignes du sujet : esquissez des ovales pour le sommet du champignon et les châtaignes, une ligne de force pour le pied du champignon et une autre pour le corps de la fée, autour duquel s'articulent ses volumes.

II

Ébauchez la forme générale de la fée à l'aide de volumes simples que vous effacerez par la suite. Esquissez les éléments les plus importants ; grandes feuilles et longues aiguilles vous serviront de repère pour ajouter les volumes plus petits.

III

Précisez le champignon et dentelez les feuilles. Tracez des repères sur le visage et esquissez le costume et la coiffure.

IV

Donnez de l'épaisseur aux aiguilles de pin, ajoutez des piquants à la bogue de châtaigne et ajoutez progressivement les éléments de décor plus petits. Précisez les mains, le visage et le corps de la fée.

V

Travaillez la finesse des traits du visage et la coupe des cheveux, les lamelles et la collerette du champignon ainsi que l'enchevêtrement des aiguilles de pin.

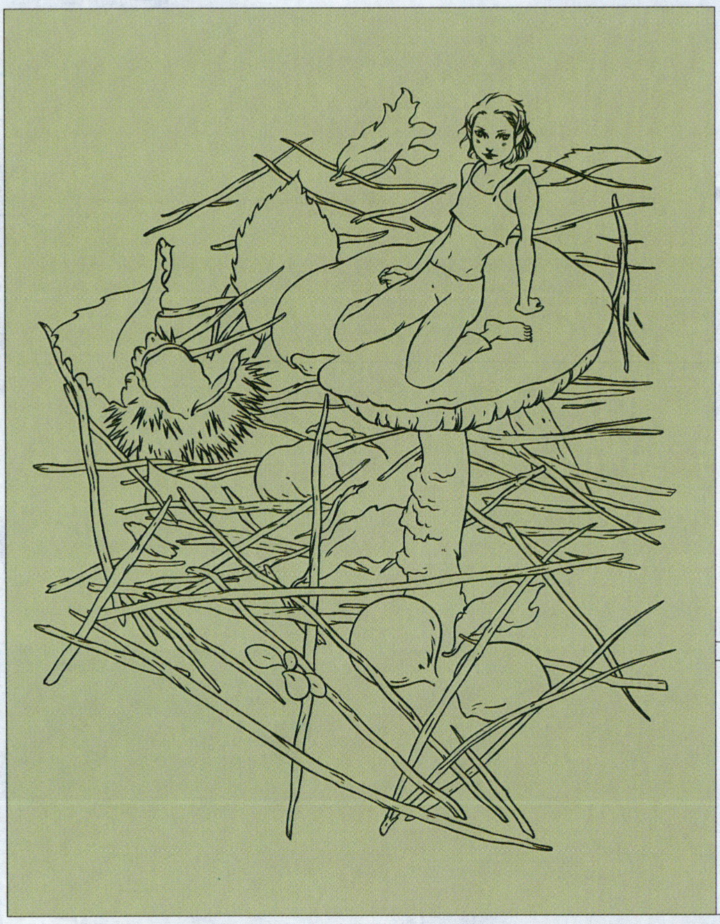

VI

Reportez votre dessin sans trop appuyer sur du papier coloré vert clair. Repassez soigneusement sur les traits au feutre fin vert.

VII

Composition finale

Au pinceau fin, appliquez de petits rehauts de gouache blanche légèrement diluée pour éclairer le dessin et faire ressortir le tracé.

COQUETTE ET FAROUCHE, CETTE PETITE FÉE EST PARTICULIÈREMENT DIFFICILE À OBSERVER. LES PLUS CHANCEUX POURRONT L'APERCEVOIR SE NOURRIR DES PREMIERS RAYONS DU SOLEIL, AILES GRANDES OUVERTES POUR CAPTER LA MAGIE DE SA LUMIÈRE. L'AQUARELLE, PAR SA LUMINOSITÉ, EST ICI TOUT INDIQUÉE.

MATÉRIEL

- PAPIER À DESSIN 180 G
- PAPIER ÉPAIS TYPE AQUARELLE
- CRAYON 2H
- GOMME

AQUARELLE

- GRIS DE PAYNE
- OCRE JAUNE
- TERRE DE SIENNE BRÛLÉE
- BLANC (GOUACHE)

Fée Papillon

I

Placez les volumes principaux en prenant pour repère l'axe central du corps.

II

Dessinez le visage délicat de la fée, ses cheveux et ses mains. Le costume sera traité directement à la peinture, mais vous pouvez le suggérer par quelques traits. Ébauchez les fines nervures des ailes.

III

Reportez les contours de votre dessin sur une feuille plus épaisse, sans trop appuyer. Mouillez l'ensemble du dessin puis appliquez une couche d'ocre jaune très dilué en veillant à ne pas déborder.

IV

Laissez sécher puis ombrez avec un mélange très dilué d'ocre jaune et de terre de Sienne brûlée. Peignez soigneusement les traits du visage au pinceau fin.

V

Repassez légèrement sur les nervures des ailes et ajoutez quelques mouchetures sombres d'un mélange d'ocre jaune et de terre de Sienne brûlée. Procédez de même pour donner un peu de matière au fin tissu qui recouvre le corps de la fée. Laissez sécher.

VI

Composition finale

Mouillez de nouveau les ailes puis ajoutez des touches de terre de Sienne brûlée et d'ocre jaune pour créer des effets irisés en jouant sur l'humidité de la feuille. Laissez sécher puis procédez de même pour le corps, en ajoutant un peu de gris de Payne dans le mélange pour suggérer les vêtements. Laissez sécher à nouveau puis ajoutez des détails au pinceau fin avec le même mélange moins dilué. Posez par endroits de petites touches de gouache blanche pour apporter de la lumière.

Fée des écureuils

AGILES ET DISCRETS, AIMANT SE CACHER SOUS LES FRONDAISONS ET SERRER LEURS TRÉSORS SOUS LES RACINES DES CHÊNES, ÉCUREUIL ET PETITE FÉE SEMBLAIENT FAITS POUR SE RENCONTRER ! LE RENDU CHALEUREUX ET DOUX DE LA GOUACHE EST PARTICULIÈREMENT ADAPTÉ À CETTE SCÈNE DE COMPLICITÉ.

MATÉRIEL

- PAPIER À DESSIN 180 G
- PAPIER ÉPAIS TYPE AQUARELLE
- CRAYON 2H
- GOMME

GOUACHE

- ORANGE
- VERT FONCÉ
- OCRE JAUNE
- CHAIR (BLANC AVEC UNE POINTE DE JAUNE, MAGENTA ET BRUN)
- NOIR • BLANC

I

Sur du papier 180 g, tracez des repères pour placer le corps de l'écureuil et celui de la fée sur la branche. Le corps de l'écureuil s'organise autour d'une ligne sinueuse rappelant un « c » majuscule.

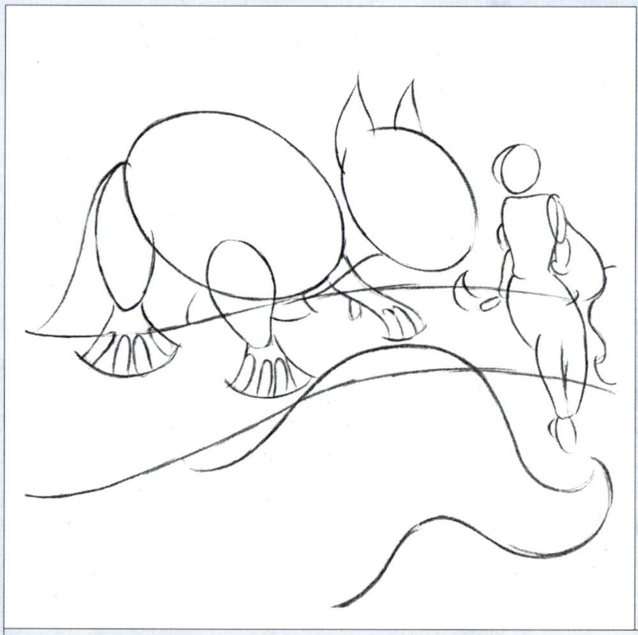

II

Décomposez les différentes parties des corps en volumes simples : pattes, oreilles et queue pour l'animal, bras, jambes et chevelure pour la fée.

III

Dessinez les pattes de l'écureuil, ajoutez le volume du museau, l'œil et la bouche. Affirmez la position de la fée en plaçant la noisette et en ébauchant son costume et les lacets de ses chaussures autour de ses chevilles. Tracez des lignes de repères pour placer les yeux, le nez et la bouche.

IV

Détaillez la chevelure bouclée de la fée, l'enveloppe de la noisette et le pelage de l'écureuil. Suggérez le relief de l'écorce par de petits traits. Gommez les traits de construction.

V

Reportez votre dessin d'une main légère sur un papier plus épais. Appliquez de larges aplats de couleur chair sur les zones les plus claires, puis l'orange, puis du vert additionné de jaune et de blanc pour le fond, un vert foncé pour la robe, additionné d'un peu de jaune pour l'enveloppe de la noisette, de l'ocre jaune sur celle-ci et un gris moyen pour la branche. Au pinceau fin, détaillez le visage et le museau en brun orangé et les yeux en noir.

VI

Á l'aide d'un pinceau souple, accentuez ombres et lumières. De larges coups de pinceau vert foncé donneront une impression de profondeur et de feuillage à l'arrière plan, tandis qu'en appliquant du gris clair sur la branche vous donnerez du relief à celle-ci.

VII

De la même façon, le corps de l'écureuil peut être rendu plus consistant par l'application d'un mélange d'orange, de jaune et de blanc sur la fourrure (en laissant les contours d'une teinte plus soutenue). Ajoutez une pointe de gris clair dans l'œil pour le faire pétiller et de petites touches de blanc sur les griffes.

VIII

Composition finale

Repassez des couches de couleurs plus claires ou plus foncées à l'aide d'un pinceau fin, pour créer des effets de matière ou souligner les détails. Donnez plus de soyeux au pelage et aux boucles de cheveux avec de l'orange additionné de blanc, accentuez le relief de la noisette, éclaircissez la partie droite du fond pour donner plus de luminosité à l'ensemble.

Fée des prairies

MINUSCULE ET LÉGÈRE COMME UNE PLUME, CETTE FÉE DANSE AVEC AGILITÉ SUR LES FEUILLES DE LISERON. DES CONTOURS AU FEUTRE FIN SUR DU PAPIER COLORÉ METTRONT PARFAITEMENT EN VALEUR LES LIGNES GRACIEUSES DE CETTE CRÉATURE ET LES VOLUTES HARMONIEUSES DU LISERON.

MATÉRIEL

- PAPIER À DESSIN 180 G
- PAPIER COLORÉ 180 G JAUNE ORANGÉ
- PAPIER COLORÉ BRUN
- CRAYON HB
- GOMME
- FEUTRE BRUN À POINTE FINE
- COLLE EN BÂTON

GOUACHE
- BLANC

I

Esquissez les masses principales : un triangle pour la fée et une sorte de point d'interrogation pour le liseron. Ajoutez de petits triangles pour les feuilles. Ébauchez la forme générale de la fée à base de volumes simples.

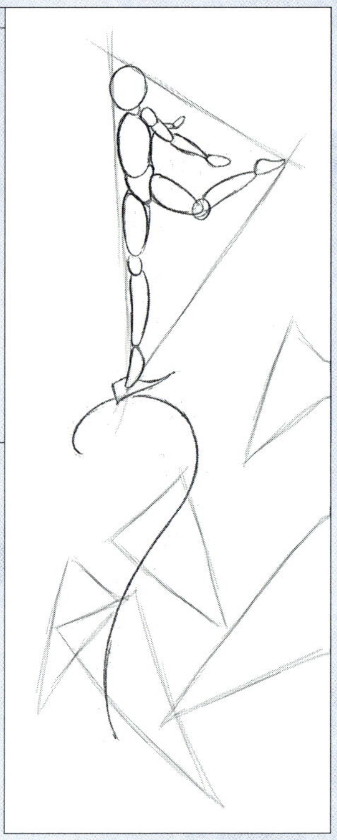

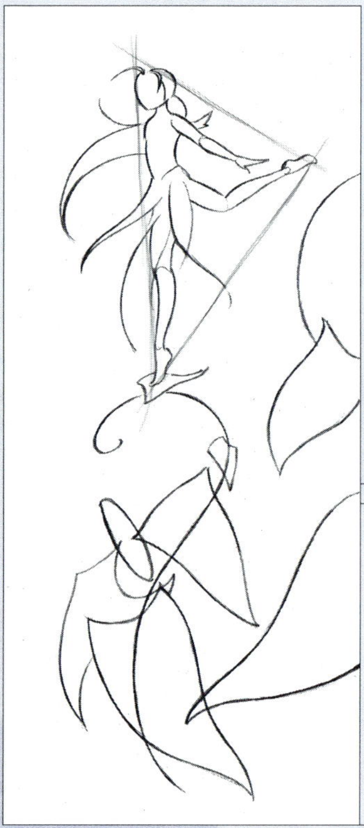

II

Ébauchez les volumes des cheveux et de la robe. Tracez plus nettement le contour des feuilles. Ajoutez l'ovale qui vous servira à dessiner la fleur.

III

Dessinez une ligne au milieu de chaque feuille pour placer correctement les nervures et tracez des lignes de repère sur le visage. Ajoutez les courbes de la robe ; pour renforcer le dynamisme, elle accompagne le mouvement des cheveux.

IV

Le haut du costume se termine en pointe pour souligner la taille fine. Placez les traits du visage puis dessinez soigneusement les mains et les pieds qui ajouteront à la grâce du personnage.

V

Ajoutez des plis au bustier et séparez les mèches de cheveux ainsi que les rubans de la robe. Attachez-vous à l'expression du visage et à l'aspect froissé de la fleur qui s'entrouvre. Tracez aussi les nervures de chaque feuille en partant du centre. Effacez les traits de construction.

VI

Reportez légèrement votre dessin sur du papier jaune orangé. Repassez dessus au feutre fin brun. N'hésitez pas à tourner la feuille pour plus d'aisance. Collez cette feuille jaune sur une feuille plus grande de papier brun, assortie au dessin.

VII

Composition finale

Au pinceau fin, appliquez de petits rehauts de gouache blanche légèrement diluée pour éclairer le dessin et faire ressortir le tracé.

Elfe harpiste

Les elfes ne connaissent pas seulement les secrets des bois et des forêts, ce sont aussi des artistes et des musiciens extraordinaires. On dit que celui qui entendra une fois résonner leur musique en gardera à jamais le souvenir et le regret… Comme pour l'elfe archer, la gouache est ici adaptée au sujet.

Matériel

- papier à dessin 180 g
- papier épais type aquarelle
- crayon 2H
- gomme

Gouache
- terre de sienne brûlée
- bleu outremer
- vert de vessie
- ocre jaune
- jaune primaire
- rouge primaire
- noir
- blanc

I

Placez les formes principales. Faites apparaître la tête et le corps de l'elfe, puis ajoutez les lignes de la harpe.

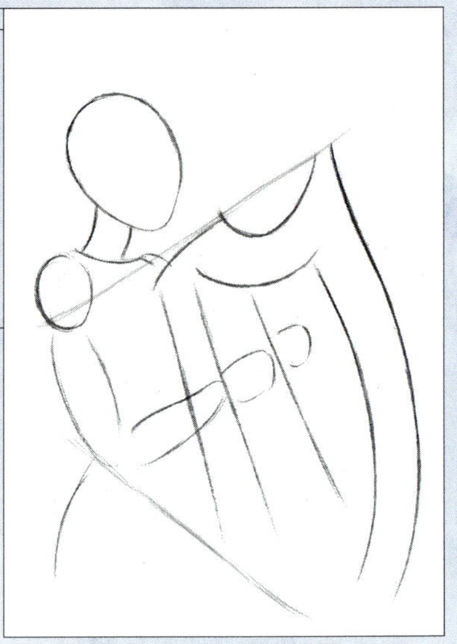

II

Esquissez une manche ample qui donnera davantage de grâce au geste de l'elfe puis ébauchez sa coiffure et son oreille pointue. Décomposez les mains en volumes simples et placez des repères pour les traits du visage. Pour le centre du motif mural, tracez deux lignes perpendiculaires puis dessinez les contours d'une feuille autour de chaque segment.

III

Épaississez les lignes du motif. Tracez le profil de l'elfe et ses mains puis effacez les lignes de repère. Le vêtement aura une encolure en « v » et une ceinture haute.

IV

Affinez la coiffure de l'elfe et son expression pensive et sereine. Sur le motif, prolongez l'épaisseur des feuilles et dessinez un nœud celtique à trois boucles dans chaque intervalle.

V

Ajoutez les détails qui caractériseront le personnage. Retravaillez le motif mural et gommez les intersections des lignes qui constituent les nœuds. Vérifiez la symétrie du motif puis gommez les traits superflus.

VI

Reportez votre dessin sur du papier plus épais. Appliquez des aplats sur les différentes parties du dessin : un mélange de vert de vessie et de jaune primaire sur la robe, de terre de Sienne brûlée et d'ocre jaune pour les cheveux, et de noir additionné de blanc et d'une pointe de vert pour le motif et les détails de la robe. Pour le mur, la harpe et le tabouret, reprenez les mélanges des cheveux et de la robe en les éclaircissant à l'aide de blanc et de jaune. Utilisez un mélange de blanc, d'ocre jaune et de rouge pour la peau.

VII

Modelez ensuite les volumes des différents éléments en superposant des teintes plus foncées. Pour ombrer la robe et contraster les cheveux, ajoutez du bleu outremer à vos mélanges. Appliquez les détails au pinceau fin.

VIII

Composition finale

Ajoutez des ombres pour donner de l'épaisseur à la manche et affirmer la matière de la harpe. Cernez les contours et densifiez certaines parties du dessin. Tracez les cordes au pinceau fin à l'aide d'une équerre. Rehaussez de blanc certains reliefs.

Sirène

LA SIRÈNE VIT AU FOND DES OCÉANS, MAIS ON PEUT AUSSI L'APERCEVOIR À DE RARES OCCASIONS, ALANGUIE SUR UN ROCHER, SCRUTANT LES FLOTS ET OFFRANT AUX MARINS LES PLUS CHANCEUX LE SPECTACLE DE SA TROUBLANTE BEAUTÉ. RIEN DE PLUS NATUREL QUE LA PEINTURE À L'EAU POUR REPRÉSENTER CETTE FÉE !

MATÉRIEL

- PAPIER À DESSIN 180 G
- PAPIER ÉPAIS TYPE AQUARELLE
- CRAYON 2H
- GOMME

GOUACHE

- BLEU OUTREMER
- JAUNE
- CYAN
- BRUN CLAIR (TAUPE)
- VERT
- GRIS
- BLANC

I

Sur du papier 180 g, esquissez la composition. Placez les volumes du corps. Une ligne sinueuse vous servira de repère pour mieux comprendre la position de la sirène.

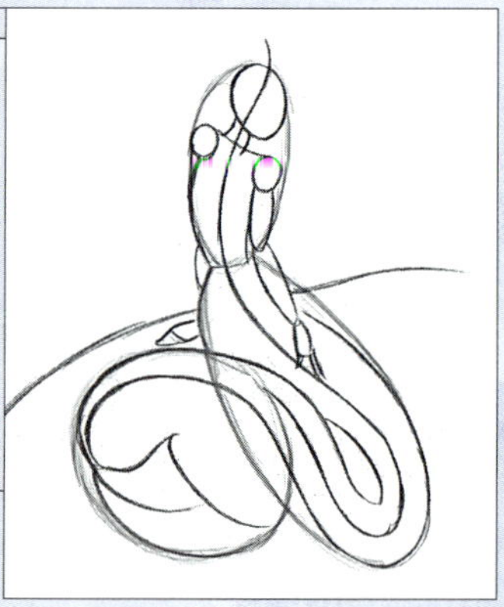

II

Ajoutez les principaux éléments de décor. Aidez-vous d'une équerre pour tracer la ligne d'horizon. Tracez des repères sur le visage, séparez les mèches de cheveux puis gommez les tracés préparatoires.

III

Détaillez le visage, affinez le dessin du corps et du décor. Pour dessiner une étoile de mer, tracez un cercle ou un ovale puis séparez-le en cinq parts. Reliez ensuite les points du cercle.

IV

Détaillez encore le personnage. Lèvres charnues, grands yeux baissés, cheveux ondulés et courbes harmonieuses : la sirène doit inspirer l'amour à qui la contemple… Précisez le décor.

V

Reportez légèrement votre dessin sur du papier plus épais pour la mise en couleur. Variez les nuances de bleu : mélange de cyan et de bleu outremer pour le ciel, additionné de blanc pour les nuages, bleu outremer et blanc pour le corps de la sirène, additionné de blanc pour la mer.

VI

Peignez les rochers avec un mélange de brun clair et de blanc. Éclaircissez votre mélange à mesure que les rochers se rapprochent de l'horizon et ménagez également des zones plus claires à l'endroit des brisures pour leur donner un peu de relief. Peignez les étoiles de mer avec un mélange de bleu outremer, de jaune et de blanc. Posez un gris-bleu très dilué sur la chevelure pour ne pas masquer les traits de crayon.

VII

Au pinceau souple, suggérez l'épaisseur cotonneuse des nuages par des couches successives de blanc plus ou moins dilué, en suivant la direction de vos traits de crayon. Recouvrez-les totalement. Accentuez les volumes des rochers. Repassez sur les traits de crayon encore visibles avec un pinceau fin.

VIII

Composition finale

Accentuez certaines zones par une teinte plus intense. Appliquez un glacis de cyan et outremer sur le ciel, à l'endroit où celui-ci rencontre les nuages et les rochers afin de le rendre moins uniforme. Repassez sur les vaguelettes en ménageant une teinte plus claire au centre et appliquez du blanc pour l'écume. Avec ce blanc, posez des touches de lumière sur le corps et les cheveux de la fée ainsi que sur les étoiles de mer.

Fée du soir

Cette fée du crépuscule survole les villes et les villages pour inspirer les rêves des poètes et apaiser le sommeil des enfants agités. La gouache rendra à merveille ses couleurs nocturnes.

Matériel

- papier à dessin 180 g
- papier épais type aquarelle
- crayon 2H
- gomme

Gouache

- bleu outremer
- cyan
- brun orangé
- ocre jaune
- magenta
- chair (blanc avec une pointe de jaune, magenta et brun)
- blanc

I

Sur du papier 180 g, esquissez le corps et les ailes de la fée.

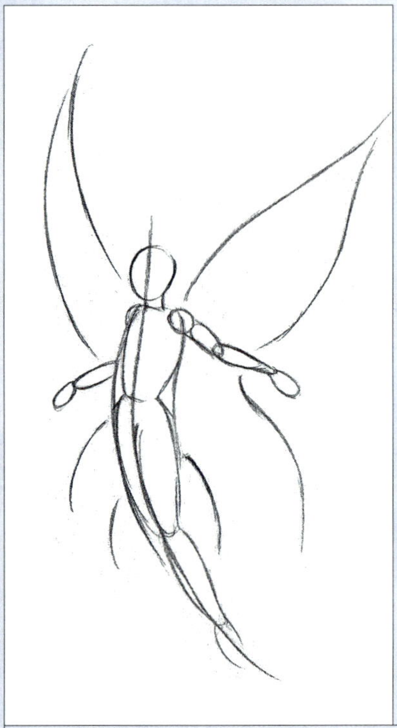

II

Décomposez les différentes parties du corps en volumes simples articulés autour d'une ligne courbe.

III

Ebauchez les grandes lignes de la coiffure et de la robe : toutes deux sont agitées par la brise selon des mouvements fluides. Affinez la taille et le dessin des mains, toujours en décomposant les différents volumes. Ajoutez les pieds et les oreilles pointues.

IV

Tracez des lignes de repère sur le visage. Retravaillez la coiffure et les mains, précisez les contours dentelés des ailes de papillon puis gommez vos traits de construction.

V

Approfondissez les détails du visage, le drapé de la robe froissée par le vent, les immenses boucles de cheveux, le dessin des ailes.

VI

Reportez légèrement votre dessin sur un papier plus épais. Appliquez la couleur en aplats au pinceau large : couleur chair pour le visage, mélange de brun et d'ocre jaune pour les cheveux, mélange de cyan et de bleu outremer pour les ailes et le haut de la robe, additionné de blanc pour les voiles. Employez le même bleu pour la pupille des yeux et ajoutez une touche de rose (magenta + brun + blanc) pour la bouche.

VII

Appliquez des tons plus clair sur les ailes (cyan + outremer + blanc) pour leur donner du relief puis densifiez progressivement les ombres : plis du drapé, pointes des manches, chevelure.

VIII

Composition finale

Au pinceau fin, détaillez les contours du visage avec un mélange de brun orangé, de blanc et de magenta. Dessinez soigneusement les sourcils et soulignez légèrement les pommettes. Avec ce même pinceau fin, colorez les motifs des ailes par couches successives, du plus foncé au plus clair. Accentuez de même les plis de la robe et les cheveux. Posez quelques touches de blanc dilué sur le buste, les lèvres, la tresse et le drapé de la robe.

Aux Éditions Fleurus

Les secrets de l'artiste

DragonArt - *J. « Neondragon » Peffer*

Dessiner les super héros - *Dick Giordano*

Fantasy Art - Peindre un univers de légende - *John Howe*

Fleurus Fantasy Art

Dessine les dragons - *Follenn*

Dessine les guerriers - *Follenn*

Dessine les fées - *Amandine Labarre*

Hors collection

Fantasy numérique - *Kevin Crossley*

Direction éditoriale : Christophe Savouré
Édition : Hélène Raviart assistée de Cloé Brisset
Direction artistique : Laurent Quellet
Fabrication : Florence Bellot
Mise en pages : les PAOistes

Dépôt légal : avril 2008
Photogravure : Altavia
Imprimé en France par Jean-Lamour - Groupe Qualibris
ISBN : 978-2-215-09486-9
2e édition. N° d'édition : P 09070